AF359718

MÉMOIRE

A CONSULTER,

ET CONSULTATION

POUR CHARLES-MARIE DE CRÉQUY, Marquis de Créquy, Chef du Nom & des Armes de Créquy, qui font d'or au Créquier de gueules ;

CONTRE FRANÇOIS-LOUIS-MARIN LE JEUNE DE LA FURJONNIERE, Chevalier de l'Ordre de Saint-Louis, foi-difant Comte de Créquy ;

ET contre les Sieurs LE JEUNE, fes Freres.

(12)

MÉMOIRE

ET CONSULTATION

POUR Charles-Marie de Créquy, Marquis de Créquy, Chef du Nom & des Armes de Créquy , qui font d'or au Créquier de gueules ;

CONTRE *François-Louis-Marin le Jeune de la Furjonniere , Chevalier de l'Ordre de Saint-Louis , foi-difant Comte de Créquy ;*

ET contre les Sieurs le Jeune , fes Freres.

J'ai commencé un Procès contre MM. le Jeune de la Furjonniere, qui fe font emparés de mon nom, je l'ai dû.

Avant de commencer mon Procès , j'ai fait mon poffible pour l'éviter ; mon expofé l'a démontré.

A

En le commençant, j'ai compris les raisons sur lesquelles je fondois ma réclamation contre les usurpateurs; elles peuvent se réduire à deux propositions, dont les preuves seront prises dans les propres titres de MM. le Jeune. La premiere est que MM. le Jeune ne prouvent pas leur descendance de la Maison de Créquy : la seconde, qu'on leur prouve qu'ils ne descendent pas de la Maison de Créquy. La conséquence de ces deux propositions sera simple, mais ce n'est pas à moi de l'indiquer.

Si la lecture de ce Mémoire donne de l'ennui, j'en demande pardon, mais la modération que je dois m'imposer dans toute cette affaire, cette vertu qui me coûte, & que je dois à l'importance de ma Cause, à l'intérêt que veut bien y prendre la Noblesse, m'oblige à supprimer tout discours étranger au fond de la Cause; je me borne à citer des titres; je les lie par quelque raisonnement.

Les titres cités par MM. le Jeune, pour prouver leur origine de la Maison de Créquy, peuvent & ont pu leur être utiles en beaucoup de circonstances; mais ces titres ne prouvent ni leur origine, ni leur descendance de la Maison de Créquy.

MM. le Jeune regardent comme une piece principale une déclaration qu'ils appellent enquête, « en laquelle sont ouis six » témoins ; savoir, deux Prêtres, l'un Religieux, Prieur de » Notre-Dame de la Porte sous Mailly, nommé Dom Michel de Tilly, demeurant à Paris, âgé de quarante-huit ans; » & l'autre Curé de Saint-Etienne en Arras, nommé Me » Pierre-Lambert, aussi âgé de quarante-huit ans, natif de » Bayenval, à deux lieues d'Ambricourt, & Vicaire en l'E- » glise de Saint Innocent à Paris. Deux Gentilshommes ; sa- » voir, Noble Homme Antoine de Villiers, Ecuyer, Seigneur » de Belloy, sur la riviere de Somme, âgé de soixante-trois

» ans ; & Noble Homme Jacques de Villemin , Ecuyer, Sei-
» gneur de la Motte lès-Simencourt , en Picardie , Diocèse
» d'Atras , demeurant à Vieille-Ville , audit pays : & deux
» Marchands, natifs de la ville de Pernes, audit pays d'Artois,
» à trois lieues d'Ambricourt , âgés de trente-six ans.

» Qui tous rapportent connoître ledit Jean le Jeune ,
» Ecuyer, Gentilhomme en l'Hôtel de Monseigneur de Beau-
» jeu , lequel avoit toujours été tenu & réputé Noble , & ex-
» trait de Noble lignée & vivant noblement , & l'avoir connu
» en son jeune âge en l'Hôtel d'Eustache le Jeune , son pere ,
» à Ambricourt , lequel Eustache ils avoient pareillement
» connu audit village d'Ambricourt , tenu & réputé Noble
» & extrait de Noble lignée , vivant noblement, & comme
» Gentilhomme menant chiens & oiseaux , & se maintenir
» comme les autres nobles. Lequel lieu d'Ambricourt l'on ap-
» pelloit le village des Nobles Hommes , d'autant qu'il n'y
» demeuroit que Gentilshommes, & que ledit Taffart le Jeune
» avoit toujours été regardé & estimé Gentilhomme par les
» autres du pays , & avoit toujours été appellé pour servir
» ses Princes en leurs guerres & armées ; & lequel avoit été
» à la bataille de Ruisseauville ; *qu'il demeuroit à Ambricourt*
» *& y tenoit fief & four bannier* noblement , & qu'on l'avoit
» vu souvent fréquenter l'Hôtel de Sautayon , près ledit lieu
» d'Ambricourt. Qu'ils avoient connu les freres d'icelui Eus-
» tache, & que l'un s'appelloit Jacques, lequel ils avoient vu
» vivre très-noblement & tenir grands états, & leurs femmes
» pareillement état de Nobles Personnes & de Gentilleffes,
» & que la sœur dudit Jean fils d'Eustache, étoit Religieuse
» à l'Abbaye de Tuilloye, ès-Fauxbourg d'Arras, où pour
» y entrer il falloit faire preuve de Nobleffe , & avoient vu

» eux , leurſdits freres, couſins germains & autres leurs pa-
» rens , avoient ſemblablement été ſemonds & appellés aux
» armées de leurs Princes ; & encore auroient vu le frere
» dudit Jean le Jeune porter armes que l'on diſoit être dépen-
» dantes des armes de l'Hôtel de Créquy , qui eſt des nobles
» Maiſons de Picardie » (1).

Cette piece n'eſt que contraire à la prétention de MM. le Jeune ; les qualités de le Jeune, ſa demeure , ſon état y ſont certifiés , & les témoins ne diſent autre choſe , ſinon que ſes armes dépendent de l'Hôtel de Créquy. La maniere la plus favorable d'interprêter ce paſſage , eſt de dire que les le Jeune étoient vaſſaux de Créquy : c'eſt la maniere la plus noble de dépendre de l'Hôtel de Créquy.

On ne dit point d'un fils, qu'il porte des armes dépendan- tes de ſon pere. On n'a jamais dit du puîné d'une Maiſon , qu'il portât des armes dépendantes de cette Maiſon.

Il eſt ſuperflu d'entrer dans un plus long détail ſur cette in- formation ; parler de la Nobleſſe du village d'Ambricourt , d'un village uniquement de Gentilshommes , eſt étranger à la queſtion. Je veux être court , & j'ai promis de n'être point plaiſant.

C'eſt donc ſur l'autre déclaration appellée ſans raiſon *en- quête* , & dont MM. le Jeune produiſent des extraits dans leur Généalogie , qu'eſt fondée la preuve de leur deſcendance de la Maiſon de Créquy. Rapportons cette piece en ſon entier ; exa- minons enſuite , ce qu'on en peut & ce qu'on en doit conclure.

---

(1) Je m'impoſe la loi de rapporter en entier les titres de MM. le Jeune. Il le faut bien , puiſqu'ils s'obſtinent à n'en donner que des lambeaux.

« A tous ceux qui les préfentes Lettres verront ;

» ROBERT D'ESTOUVILLE, Chevalier, Seigneur de
» Bernes, Baron d'Yvry & de Saint-André en la Marche,
» Confeiller, Chambellan du Roi notre Sire, & Garde de la
» Prévôté de Paris,

» SALUT.

» Savoir faifons que pardevant Dreux Comteffe & Jean
» Beaufils, Clercs, Notaires du Roi notre Sire, de par lui
» établis en fon Châtelet de Paris, furent préfents en leurs
» perfonnes, honorables hommes ;

» 1°. Jean le Jeune, natif d'Arras, & nagueres majeur, dudit
» Arras, à préfent demeurant à Paris ;

» 2°. Me Baulde Lemaitre, Prêtre, Maître-ès-Arts, Bache-
» lier en Décret, natif de Créquy, à deux lieues près d'Am-
» bricourt.

» 3°. Fremin Garçon, Bourgeois de Paris, & natif de Pernes
» en Ternois, au Comté d'Artois, à trois lieues près dudit
» Ambricourt ;

» 4°. Teriffart de la Planque, Tapiffier,   ⎰ natifs du Pays
» 5°. Bauduchon Raoul, Marchand,   ⎱. d'Artois ;

» Lefquels dirent, référerent & affirmerent pour vérité,
» qu'ils ont bonne & vraie connoiffance de la perfonne de
» Jean Lejone, Ecuyer, Gentilhomme de haut & puiffant Sei-
» gneur Monfeigneur de Beaujeu, &c. de Clermont en Beau-
» voifis ; & favent qu'il eft natif dudit lieu d'Ambricourt : di-
» fent & affirment avec ce, que ledit Lejone eft extrait de no-

» ble lignée de par pere & mere , vivant noblement de leurs
» cens, rentes & revenus. Le difent favoir les deſſus-nommés ,
» parce qu'ils font natifs près dudit lieu d'Ambricourt, comme
» dit eſt ; & ont eu bonne connoiſſance de la perſonne de feu
» noble homme Taſſart le Jone, pere dudit Jean le Jone. Et
» ledit Mᵉ Baulde dit qu'il a eu bonne connoiſſance de la per-
» ſonne de noble femme Damoiſelle Catherine Potelle , mere
» d'icelui Ecuyer , femme dudit Taſſart le Jone , laquelle étoit
» native de la Ville de Hedin. Leſquels pere & mere dudit
» Ecuyer vivoient noblement de leurs rentes & revenus ,
» & étoient tenus tels & réputés audit Pays d'Artois. Et
» *outre* difent les deſſus- nommmés que ledit Jean le Jone eſt
» iſſu de par pere de ceux de Gréquy , & dont il porte encore
» préſentement les Armes, fors qu'il y a différence de cou-
» leur ; & avec ce les deſſus-nommés ont certifié que ledit Jean
» le Jone a toujours , depuis le trépas de feſdits pere & mere ,
» vécu noblement , comme noble perſonne, de ſes rentes & re-
» venus ; l'ont vu ſuivant les guerres & Armées du Roi notre
» Sire , & ſous & en la Compagnie de Monſeigneur de Beau-
» jeu , avec lequel icelui Ecuyer a demeuré par l'eſpace de 15
» à 16 ans, ou environ, & nommément depuis le trépas de
» Monſeigneur le Duc d'Orléans, avec lequel il a demeuré
» par l'eſpace de cinq ans.

» Et le lendemain en ſuivant, qui fut le Mardi , 27ᵉ jour
» d'Octobre, fut auſſi préſent & comparant perſonnellement
» pardevant leſdits Notaires, noble Robert des Marquets ,
» Seigneur de Jumency , nagueres Lieutenant Général de la
» Gouvernance d'Arras :

» Lequel a dit & certifié pour vérité affirmée en la préſence
» deſdits Notaires, que trente ans paſſés il a bonne connoiſſance

» du lignage, parentage des fufnommés le Jone d'Ambricourt,
» lefquels font parens & affins dudit Jean le Jone, & lefquels
» il a toujours vus & ouis, tenus & réputés, au Pays Comté
» d'Artois, nobles & vivant noblement. Le dit favoir, parce
» que lui étant Lieutenant Général des Elus d'Artois, il n'a
» point vu ni fu que le *lignage* & parentage des le Jone dont
» ledit Ecuyer eft iffu & procréé, ait été mis, affis ni impofé à
» payer la taille, ni aucun autre fubfide; & que jamais n'en
» fut queftion, pourfuite, ni demande, lui étant Lieutenant-
» Général defdits Elus : pour ce qu'il étoit & eft fi notoire au-
» dit Pays d'Artois, que lefdits le Jone font nobles Gens, vi-
» vant noblement de leurs rentes & revenus, & n'eft mémoire
» du contraire.

» Dont & defquelles chofes des fufdits, Jean le Jone, Ecuyer,
» deffus nommé, comparant pardevant lefdits Notaires, a requis
» & demandé à avoir lettres & inftrument pour lui fervir &
» valoir, en tems & lieu, ce que raifon donnera, tant en la
» Ville de Tours qu'ailleurs où métier fera.

» Lefquels Notaires, à fa requête, lui en firent, baillerent
» ces Préfentes en cette forme, auxquelles nous, en témoin
» de ce & à la relation defdits Notaires, avons mis le Scel de
» ladi te Prévôté de Paris.

»Ce fut fait, dit & certifié, requis & oɛtroyé, c'eft à fa-
» voir, par lefdits le Jeune, Me Baulde, Lemaitre, Raoul,
» Garçon & de la Planque, le lundi 26, & par ledit Robert,
» le mardi 27e jour d'Oɛtobre l'an de Grace 1478.

» *Signé*, COMTESSE, avec paraphe. BEAUFILS ».

Je l'ai déjà dit; il eft impoffible de donner à cette piece le
nom d'enquête. Ces témoins font conduits chez un Notaire par
Jean le Jeune. Un de ces témoins eft fon parent, & ne s'appelle

pas Créquy ; il eſt même compris ſous la dénomination géné-
rale des autres Roturiers qui certifient : *honorables hommes.*
D'où partent tous ces gens pour arriver chez le Notaire ? Pourquoi y vont-ils ? Parce que la Nobleſſe de Jean le Jeune étoit
diſputée ; qu'il vouloit ſe ſouſtraire aux impôts des Roturiers.
La Sentence qui prononce ſur cette information , la juge digne
de produire cet effet ; mais elle ne prononce pas que Jean le
Jeune fût de la naiſſance de Créquy : elle le nomme Jean le
Jeune.

Remarquons que Jean le Jeune n'auroit pas pu ignorer qu'il
fût de la Maiſon de Créquy , puiſqu'il ſe dit (ſans preuve à la
vérité), mais enfin il ſe dit fils de Taſſart le Joſne, lequel devoit être , ſuivant M. d'Hoſier , fils de Jean de Créquy , dit le
Jeune.

Comment Jean le Jeune auroit-il oublié le nom de ſon
grand-pere ? comment ſe voyant toujours inquiété ſur ſa
nobleſſe parce qu'il s'appelloit le Jeune , ne reprend-il pas
le nom de Créquy qui lui auroit ôté toutes ces inquiétudes ?

Comment enfin ſi Jean le Jeune eût cru que *ceux de Créquy*
vouloit dire la Maiſon de Créquy , n'eût-il pas profité de la
dépoſition des témoins pour prendre ce nom , pour reprendre
le nom de ſon grand-pere ?

Mais le ſeul témoin valable cité dans cette dépoſition eſt
noble Robert Deſmarquets , Seigneur de Jumency , nagueres
Lieutenant-Général de la Gouvernance d'Arras. Quel eſt ſon
témoignage ? Qu'il n'a jamais vu que les Joſne fuſſent mis à la
taille ; il explique le *lignage & parentage des Joſne , dont ledit
Ecuyer eſt procréé.* Il étoit auſſi facile à ce Magiſtrat de dire le
lignage de Créquy. Il eſt le ſeul des témoins aſſez inſtruit du
fait pour être croyable ſur ce point , il n'en parle pas,

Que

Que veut donc dire *ceux de Créquy dont il porte les armes,* *fors qu'il y a différence de couleurs ?* le voici :

Que Jean le Jeune d'Ambricourt eft iffu des le Jofne domiciliés à Créquy, defquels Créquy il porte les armes, fors qu'il y a différence de couleurs.

Il y avoit des le Jofne à Créquy, à Ambricourt, à Arras, à Pernes, à Libeffart, à Ekiere, à Saint-Omer ; enfin cette famille avoit étendu fes rameaux dans plufieurs lieux de l'Artois & de la Picardie, & les le Jofne d'Ambricourt fortoient des le Jofne de Créquy.

Veut-on encore donner un autre fens au difcours des témoins ? Ils font de bien peu de poids pour nous en occuper fi long-tems ; mais puifqu'il le faut, difons donc que les témoins ont voulu diftinguer les le Jeune d'Ambricourt de plufieurs autres le Jeune, notamment d'un le Jeune né en Artois, Avocat à Arras, puis Bailli d'Amiens, auteur des le Jeune Contai, dont parle Philippe de Comines.

Les le Jofne d'Artois difent aujourd'hui & prétendent prouver qu'ils font les mêmes que ces le Jofne Contai.

Les le Jeune, d'Anjou, prétendent être les mêmes que ceux d'Artois. Mais ces le Jeune n'ont jamais porté de créquier dans leurs armes : nous aurons occafion, dans le cours de cette affaire, de difcuter l'hiftoire des armoiries différentes qu'ont porté différentes branches des le Jeune.

Mais peut-être encore ce témoignage de *ceux de Créquy* a-t-il été infpiré aux témoins par Jean le Jeune lui-même, demeurant à Tours, ne voulant ou ne pouvant pas confondre fa famille & fon nom avec les le Jeune originaires de Tours, qui portoient pour armes d'argent au chevron d'azur, accompagné de trois mollettes de gueules,

Jean le Jeune, dis-je, fit dépofer aux témoins qu'il étoit des le Jeune d'Ambricourt, iffus des le Jeune de Créquy; qu'il ne defcendoit ni des le Jeune de Touraine, ni des le Jeune de Pontoife, dont l'anoblissement fe trouve en 1368.

Donnons une facilité de plus à M^{rs} le Jeune, en interprétant encore d'une autre maniere *ceux de Créquy.*

Ils en defcendent par pere : voici l'explication de cette expreffion, qui au bout de trois cents ans a befoin d'être expliquée & de recevoir un commentaire.

Ce que nous allons dire eft pris dans un Mémoire compofé par M. le Jeune, pere de MM. le Jeune, écrit en entier de fa main, & appuyé de pieces juftificatives, dont MM. le Jeune ont grand foin de ne pas parler, mais dont je parlerai moi, dans la fuite, felon toutes les apparences.

Un Rafce le Jeune avoit époufé Antoinette Créquy, ou, felon eux, Antoinette de Créquy. Cette vierge ne fe trouve pas dans la lifte connue des légitimes de la Maifon de Créquy. D'elle font defcendus Robert le Jeune, pere de Guillaume le Jeune, pere de Taffart le Jeune, & enfin Jean le Jeune ; & dans ce fens Jean le Jeune étoit iffu, par pere, de ceux de Créquy, ils avoient pris le créquier (1) ; ils n'avoient pas porté, fuivant l'ufage conftant, d'or au créquier de gueules,

____

(1) Je ne parle pas du petit écuffon d'argent à deux fafces de fable, dont les armes de MM. le Jeune font furchargées : on *ignore*, eft-il dit dans leur généalogie, l'origine de ce petit écuffon. *Seroit-ce en mémoire de quelqu'alliance illuftre ?* Ils ont vraifemblablement acquis là deffus des lumieres : dans leur réponfe à mon expofé, ils affurent que ce petit écuffon eft en fouvenir de cette alliance illuftre qu'ils avoient dû faire anciennement : je leur donnerai peut-être quelque jour l'hiftoire de ce petit écuffon, & même la généalogie complette de le Jeune, appuyée de titres.

car les armes de Créquy ne font pas fimplement le créquier ; tous les livres Héraldiques les difent être d'or au créquier de gueules.

Si fur vingt-quatre branches de la Maifon de Créquy qui ont exifté, une ou deux feulement a changé les émaux : que ce changement fe foit fait dans des tems reculés, il doit être regardé comme une exception à la regle, & ne doit fervir qu'à la confirmer.

Antoinette, dont l'Hiftoire de la Maifon de Créquy ne fait aucune mention, avoit changé les métaux, je n'en tire aucune conféquence ; ainfi l'ont pratiqué toutes les branches bâtardes de la Maifon de Créquy, elles ont été en grand nombre ; & d'après le texte précis de la Coutume d'Artois, elles étoient nobles.

Il exifte plufieurs de ces branches qui ont confervé leurs armes en changeant les métaux, mais elles ont auffi confervé leur nom.

Je pris deux defcendans d'une de ces branches dans le Régiment de Dragons du Roi, lorfque je le commandois ; leur filiation eft bien prouvée, mais leur dérogeance l'eft auffi. Je n'ai rien épargné pour leur faire rendre l'avantage de la nobleffe perdue par leurs Peres ; je n'ai pu encore y réuffir.

Voilà plufieurs explications de cette information : il eft fin-gulier qu'en 1780, on foit obligé de commenter & d'expli-quer ce qui n'a eu befoin ni d'explication, ni de commentaire en 1478, & depuis cette époque.

Mais Jean le Jeune, muni de toutes ces pieces, qui ont ce-pendant été faites à fon gré, eft dans la mifere ; il ne fait pas qu'il eft Créquy ; M' Baulde Lemaître, Fremin Garçon; Theriffart la Planque, Bauduchon Raoul, n'ont pu le lui ap-

B ij

prendre. Auſſi Jean le Jeune ne s'adreſſe-t-il pas aux perſonnes de la Maiſon de Créquy qui jouiſſoient , à cette époque , d'une grande conſidération à la Cour.

Pluſieurs ſe diſtinguoient alors dans les Armées, dans les Négociations ; un d'eux , ſe dit-on , étoit agréable au Roi : n'en parlons plus.

Jean le Jeune fait demander à Louis XI des Lettres-Patentes pour faire la marchandiſe ſans déroger. La généalogie de MM. le Jeune rapporte le préambule de ces Lettres-patentes.

Le Généalogiſte s'arrête au mot *oﬀroyons* : il ménage notre amour propre. Cet homme croit que la grace accordée par Louis XI , à un des Ancêtres de MM. le Jeune , nous paroîtra deſtructive de leur prétention de deſcendre de la Maiſon de Créquy. Il tait la nature de cette grace & la marque par un *&c.*

Quel fonds de ſottiſe nous ſuppoſe le Juge d'arme ? Quelle circonſtance choiſit-il pour cette ſuppoſition ? Le moment où ce qui reſte de Créquy eſt né dans la pauvreté ; où , moi qui parle ici , n'ai vécu que par les bontés de ma mere , ne me ſuis ſoutenu dans le monde que par elle , & n'ai dû qu'à elle ſeule de contracter une alliance tout à la fois noble , riche & reſpectable.

Ce procès me produira au moins l'avantage de donner de la publicité à ſes bienfaits , & d'apprendre à ceux qui l'ignorent que ma mere a paſſé ſa vie dans des privations fâcheuſes , pour m'élever & me ſoutenir au Service ; qu'elle n'a jamais ſouffert que je fuſſe à charge à l'Etat ; qu'elle s'eſt fait un principe de tâcher de me rendre utile au Roi , & qu'elle s'eſt toujours abſtenue de faire valoir auprès de Sa Majeſté les grands titres qu'elle avoit pour obtenir des graces.

Non ! Je ne refuſe pas Jean le Jeune , parce qu'il a vendu

du vin à Tours ; la permiſſion du Roi l'a empêché de déroger ; ſa conduite ne préſente rien de malhonnête , & tout
ce qui n'a pas ce caractere , peut être adopté par moi.

J'avoue qu'il eſt difficile de croire que ſous Louis XI , un
Créquy ait pu devenir Marchand : mais il y a ſi loin du difficile à l'impoſſible , que je me tais ſur la difficulté.

Lettres-patentes du Roi Louis XI.

« LOUIS , par la grace de Dieu , Roi de France ;

» A nos amés & féaux les Généraux , Conſeillers par Nous
» ordonnés ſur le fait & Gouvernement de nos Finances ; & aux
» Elus ſur le fait des Aides , ordonnés pour la guerre , en l'Elec-
» tion de Tours ; & à tous nos autres Juſticiers & Officiers , ou à
» leurs Lieutenans ; Salut & dilection.

» Savoir faiſons , pour & en conſidération des bons & agréa-
» bles ſervices que notre bien amé Jehan le Jeune , Ecuyer , na-
» tif de notre Pays & Comté d'Artois , Nous a fait par ci-devant,
» & auſſi à notre très-cher & amé fils & couſin le Comte de Cler-
» mont de la Marche , Seigneur de Beaujeu ; & auſſi que ſes
» maiſons & autres héritages qu'il avoit audit Pays d'Artois ,
» ont été brûlés & gâtés par les Gens de Guerre qui ont été au-
» dit Pays ; & à ce qu'il puiſſe mener & entretenir ſon état de
» Nobleſſe , à icelui , & pour ces cauſes , & autres cauſes &
» conſidérations à ce Nous mouvans , avons donné & octroyé ,
» donnons & octroyons , de grace ſpéciale , par ces Préſentes ,
» congé & licence de marchander & faire fait de toutes marchan-
» diſes , tant en notredite Ville de Tours qu'ailleurs , ſans & que
» pour ce l'on puiſſe dire ni le reprendre d'avoir dérogé au pri-
» vilege de Nobleſſe en aucune maniere.

» Si vous mandons, & à chacun de vous, & à ceux qu'il ap-
» partiendra, que de notre grace, congé, licence, & octroi ,
» faire , fouffrir & laiffer ledit Jehan le Jeune jouir & ufer plei-
» nement & paifiblement, fans pour occafion de celui faire met-
» tre ni donner aucuns deftourbier ni empêchement :

» Car amfi Nous plaît ce être fait , nonobftant quelconques
» Ordonnances , Commiffions , Mandemens ou Défenfes à ce
» contraires.

» Donné au Pleffis du Parc-lez-Tours , le 7 Décembre l'an
» de Grace 1482. Par le Roi, *Signé* , PARENT. »

Ces Lettres ne préfentent aucune réflexion à faire. On y
voit des héritages gâtés & brûlés ; mais la place refte. M. le
Jeune nous apprend que fon frere l'Abbé eft mort à force
de recherches. Ces recherches fe font étendues jufqu'à Ambricourt ; il n'y a point trouvé de manoir poffédé par un
Créquy le Jeune. Il en a trouvé poffédés autrefois par des le
Jofne. Jean le Jeune, qui a fait tant d'actes pendant fa vie ,
en a fait un pour fe rapprocher d'Ambricourt.

« A tous ceux qui ces préfentes Lettres verront ; Philbert
» Macquereau, Garde du Scel Royal établi , & dont l'on ufe aux
» Contrats Royaux de Tours, falut : favoir faifons que les
» Notaires ci-deffous fignés , nous ont certifié , rapporté &
» pour vrai témoigné avoir tenu , lu , & de mot à mot regardé
» & duement collationné , certaine enquête en parchemin &
» une Sentence auffi en parchemin , defquelles Enquêtes & Sen-
» tence la teneur fuit , &c. &c. »

« Et en outre nous ont certifié , rapporté & affirmé &
» pour vrai témoigné lefdits Notaires, eux & chacun d'eux
» avoir été préfens cejourd'hui que Noble Homme Jean le

» Jeune, Ecuyer, Gentilhomme & Chambellan ordinaire de
» Haut & Puiſſant Monſeigneur le Comte de Bourbonnois
» & d'Auvergne, leur a certifié, rapporté & affirmé, &
» atteſté pour vrai en ſon ſerment par lui fait, que Jehannet le
» Jeune, à préſent demeurant à Ambricourt en la Comté de
» Saint-Paul, fils de Hue le Jeune, eſt neveu propre dudit
» atteſtant (1), parce que ledit feu Hue le Jeune & atteſtant
» étoient freres germains enfans de feu Taſſard le Jeune, &
» lequel en ſon vivant a toujours vécu noblement; & depuis
» ledit atteſtant pareillement ſondit frere, ont vécu &
» encore vit icelui atteſtant, noblement & uſe de tous privi-
» leges de nobleſſe.

» Dont & de ce a été requis & demandé par ledit Jehannet,
» auxdits Notaires, acte & inſtrument qui lui ont octroyé, à
» la relation deſquels Notaires ajoutons pleine foi, nous Gardes
» deſſus nommés avons mis & appoſé le ſcel deſdits contrats
» à ces préſentes en témoin de vérité ».

Donné à Tours le 25 *Septembre* 1496. FOUR. FOULÉE.

Voilà les ſeules pieces produites par MM. le Jeune pour
appuyer leurs prétentions. Quel en eſt le réſultat ? Jean le
Jeune avoit eu beſoin de ces actes, il les avoit fait faire, il
n'avoit pas pu les oublier dans le tréſor de ſes chartres ; il eut
beſoin de les produire dans tous les momens de ſa vie, & cependant Jean le Jeune n'en a jamais conclu qu'il fût de la Maiſon de Créquy ; on a attendu juſqu'à l'année 1760 pour en

____

(1) Jehannet le Jeune, natif d'Artois, avoit atteſté en 1478 la no-
bléſſe de Jean le Jeune, demeurant à Tours : en 1496, Jean le Jeune
de Tours atteſte la nobleſſe de Jean le Jeune, natif d'Artois. On n'a jamais vu que les Créquy aient eu beſoin de ſe prêter des certificats de
leur Nobleſſe.

tirer cette conféquence ! Je m'arrête ; je traite le fond de la queftion, je la traite avec gravité, & je ne veux rien me permettre qui puiffe lui donner du ridicule.

J'ai difcuté ces titres avant de faire prononcer des Experts fur leur authenticité ; ma difcuffion ne doit pas faire conclure aux Adverfaires que je les tienne pour authentiques. La difcuffion n'eft qu'un bon procédé de ma part duquel on ne doit ni ne peut tirer aucune conféquence en Juftice. J'avoue cependant que je regretterois tant de papier barbouillé, fi nous allions trouver la dent d'or de M. de Fontenelle.

J'en ai affez dit pour ma Caufe ; mais l'objet de mon Mémoire étant de gagner mon procès, & de faire voir au Public que les motifs de ma conduite ont été raifonnables, je vais encore parler un moment, & après avoir montré à MM. le Jeune l'infuffifance de leurs titres, pour prouver leur defcendance de la Maifon de Créquy, je veux leur prouver, par leurs propres titres, qu'ils ne font pas de la Maifon de Créquy.

Que faut-il pour que MM. le Jeune foient de la Maifon de Créquy ? Que le nom de le Jeune foit un fobriquet donné à quelque cadet ; que ce fobriquet ait été confervé dans leur race, qu'elle-même, ait perdu la tradition de fon véritable nom jufqu'en 1765, époque à laquelle M. d'Hofier de Serigny qui avoit examiné les titres, a changé d'opinion & a dit : « *le Jeune de* » *Créquy, ou bien les Seigneurs de la Furjonniere, du furnom* » *de le Jeune, branche de la Maifon de Créquy* » ; car nous avons deux titres de généalogie.

C'eft donc en 1765 qu'on a préfumé pour la premiere fois que Taffard le Jeune étoit fils de Jean de Créquy le Jeune, & enfuite pere de Jean le Jeune, demeurant à Tours ; feconde

préfomption

préfomption qui ne m'importe point ; & que je laiffe pour ce qu'elle eft.

Mais fi Taffard le Jeune étoit fils de Jean de Créquy le Jeune, en oubliant le nom de fon pere , comment eût-il oublié fa fucceffion ? La fucceffion de Jean de Créquy & de Jeanne d'Havenkerque, eft réglée par Arrêt du Parlement. Ils ne poffédoient rien à Ambricourt ; mais ils poffédoient la Terre de Moliens en Picardie, qui après eux a paffé dans la Maifon de Broffes, des héritiers de laquelle MM. le Jeune doivent l'arracher fi Jean le Jeune étoit fils de Taffard le Jeune, & Taffard le Jeune fils de Jean de Créquy le Jeune.

Qui peut avoir préfumé que Taffard le Jeune étoit fils de Jean de Créquy le Jeune ? La préfomption n'a lieu qu'au défaut de preuves , & MM. le Jeune nous prouvent que Taffard le Jeune avoit un pere & un grand-pere du nom de le Jofne ; donc ledit Taffard n'étoit pas fils de Jean de Créquy le Jeune.

MM. d'Eftampes & Bragelogne , Commiffaires Généraux députés par le Roi pour le regalement des tailles en la Généralité de Tours , ordonnent, en 1635, fur la repréfentation des titres de Jean le Jeune , Seigneur de Bonneveau , & de Pierre le Jeune, Seigneur de la Furjonniere, qu'ils jouiront, eux & leurs poftérité , des privileges attachés à la nobleffe ; & l'on voit, dans leur Ordonnance, que Taffard le Jeune dont ils defcendent , eft fils de Guillaume le Jeune, lequel eft fils de Robert le Jeune ; ainfi voilà un pere & un grand-pere à Taffard le Jeune ; & ce pere & grand-pere s'appellent le Jofne.

Mais, difent MM. le Jeune dans une piece du Procès , ce n'eft plus de Jean de Créquy dit le Jeune que nous defcendons, c'eſt de Guillaume de Créqui le Jeune , qui vivoit en 1200 portant pour deviſe , *Créquy , grand Baron , nul ne s'y frotte ,* & l'emblême du porc-épic.

On n'a jamais dit *Créquy grand Baron* , jamais nous n'a-vions fait uſage du porc-épic , *nul ne s'y frotte* nous eſt reſté.

Dans le cas où MM. le Jeune deſcendroient d'un Guillaume de Créquy le Jeune , que doivent-ils faire ? Renoncer à la généalogie de M. d'Hoſier , & le prier de leur en compoſer une nouvelle.

C'eſt retrouver ſon vrai nom dans un grand éloignement , que de le retrouver en 1200.

Que ſavons-nous de Guillaume de Créquy dit le Jeune ? Qu'il étoit Prévôt de l'Egliſe d'Aire , par conféquent dans les Ordres ſacrés , ne pouvant point avoir d'enfans légitimes , & apparemment trop eſtimable pour en avoir d'autres.

La famille de le Joſne , le Jouenne , ou le Jeune , très-éten-due en Artois , n'y a pris dans aucun tems le nom de Créquy , qui cependant devoit être ſon véritable nom. Ils ne prennent point ce nom dans ces circonſtances agréables , où leur nom pouvoit honorer une grace & en être honoré à ſon tour. Par exemple , les le Joſne ne daignent pas ſe ſervir du nom de Cré-quy quand la Ville d'Arras leur accorde la Bourgeoiſie.

« *D'un Regiſtre aux Bourgeois commençant le 27 Septembre* » *1396 , & finiſſant en Octobre 1422 , a été extrait ce qui* » *ſuit.*

» Bertrand le Joſne jura la Bourgeoiſie d'Arras le 22 Avril » l'an 1422 , à quoi il fut reçu , & fit le ſerment ſur ce introduit.

»   { Jacques le Borgne,
»
» *Préfens* { Jean Sacquel,
» MM. { Grard Mangard,   } *Echevins.*
»   { Jean Roussel,
»   { Et Jean Darault.

»   Lefquels pour amour & contemplation de Taffart le Jofne,
» quittent audit Bertrand tels droits que pour ce peuvent appar-
» tenir à ladite Ville.

»   Jehan le Jofne, fils de Bertrand le Jofne, en fon vivant Bour-
» geois de la Ville d'Arras, a récréanti la Bourgagne pardevant

»   { Jacques Wallois, }
» MM. { Willaume Ivain,   } Echevins,
»   { & autres,

» Le 7 Novembre 1479.

»   Collationné auxdits Regiftres par le Greffier de la Ville &
» Cité d'Arras, fouffigné. Bacler, & fcellé ».

Nous établirons dans une autre circonftance, les rapports qui lioient Bertrand le Jofne à Taffard le Jofne. Ces rapports n'étoient pas de fimple amitié. Dans aucun tems il n'a été d'ufage de prendre le nom de fes amis ; & puifque les Créquy étoient Gentilshommes en 1479, il eût été fait mention de leur Nobleffe, fi on leur eût accordé la Bourgeoifie. Ces MM. le Jofne n'étoient donc pas Créquy. Je dirai plus : ils ne paffoient pas pour tels dans la Province ; car il feroit de tradition dans la Ville d'Arras, de tradition dans le Confeil d'Artois où les Procureurs Généraux du nom de le Jofne ont été eftimés, que le véritable nom de ces Magiftrats étoit Créquy. Eft-il poffible que des Magiftrats n'aient jamais figné leur véritable nom (1).

____

(1) A propos du nom, j'obferverai que dans la généalogie que MM. le Jeune ont fait faire, & qui m'a été fignifiée, on leur donne le nom de *le Jeune de Créquy* : depuis, MM. le Jeune ont reculé le nom de

Les Procureurs Généraux, au centre de la maison de Crequy,
s'en feroient-il difpenfés ?

Je réfume de tout cet écrit, que MM. le Jone, le Jouefne
ou le Jeune, n'ont jamais porté le nom de Crequy; que les
peres de MM. le Jeune actuels n'ont jamais cru être de la maifon de Crequy; que les propres titres de MM. le Jeune répu-
gnent à cette prétention; qu'ils connoiffent ces titres & beaucoup d'autres que je citerai dans la fuite; que François-Louis-
Marin le Jeune, ainfi baptifé, & cependant marié Créquy,
en a une connoiffance entiere.

Si j'ai mal dit, du moins j'ai peu dit; car ce Memoire contient plus de titres que de phrâfes. J'aurois peut-être mieux fait
de ne rien dire, & de me borner à imprimer cette ligne du fieur
Cherin :

*Et la jonction de Jean le Jeune leur chef à la maifon de
Créquy n'eft prouvée par aucun titre.*

Leur chef s'appelloit donc Jean le Jeune : fa poftérité a con-
tinué de porter fon nom. Ils n'ont point de jonction, ils le favent. Pourquoi donc vouloir s'appeller Créquy?

J'ajoute, pour ôter toute obfcurité, & impofer filence à
ceux qui prêtent au fieur Cherin des difcours qu'il n'a jamais
tenus, que ce Généalogifte défie aucun être vivant de certifier
que les le Jeune font de la maifon de Créquy.

Après avoir difcuté le fond de la queftion, je dois parler des
formes, pénétrer dans une région inconnue, parler une langue

le Jeune d'un degré & ont pris le titre de MM. *Créquy le Jeune.* A la fin
ils ont abjuré totalement le nom de le Jeune, & les voilà MM. *de Créquy :*
cependant M. d'Hofier avoit eu foin de leur rappeller, à la page premiere de leur généalogie, la défenfe abfolue à tous Gentilshommes de
changer de nom fans lettres du Prince.

que je ne puis favoir, & que bien peu de perfonnes parlent avec pureté.

Si MM. le Jeune font Créquy, fi MM. le Jeune ont pu croire être Créquy, fi j'ai dû croire que MM. le Jeune fuffent Créquy, j'avoue mes torts; je me foumets à la réparation qui fera jugée convenable. Mais fi aucune de ces propofitions ne peut s'affirmer, je ne fuis point répréhenfible d'avoir pris une voie quelconque pour parvenir à la Juftice.

Qu'on fe rappelle la maniere dont j'appris ce mariage de M. le Jeune, qui ne dut me paroître croyable que fur le principe que la Gazette de France ne contient que des vérités.

Qu'on fe rappelle combien tout me preffoit en ce moment de faire un acte contre l'ufurpation, & ma premiere affignation fera juftifiée.

L'embarquement différé me laiffa le tems de recevoir, après qu'on l'eut obtenu de la Juftice, l'acte de mariage de François-Louis-Marin Comte de Créquy, & l'extrait baptiftaire de François-Louis-Marin le Jeune.

La certitude que cet acte me donna du lignage & parentage de la Demoifelle de Soucy, confirma mes foupçons.

Je n'avois pu croire au premier inftant que la fille de Madame la Comteffe de Soucy, la Niece, la Coufine, la Sœur de toutes perfonnes de ma connoiffance particuliere, époufât un Homme de mon nom, & que ce Mariage me fût annoncé par la Gazette de France. La Place que Madame la Comteffe de Soucy occupe à la Cour, indique les connoiffances des bienféance ordinaires.

Comment donc croire que cette Dame & autres, inftruits de ce qui s'étoit paffé à l'occafion de MM. le Jeune, ait fait un pareil Mariage fans me demander, ce qui étoit ma difficulté, fans au moins me faire part de l'alliance ?

Le filence de Madame la Comteffe de Soucy a quelque chofe d'extraordinaire : les Tribunaux n'en connoîtront pas, je me borne à le déférer à l'opinion Publique.

Ces procédés au moins irréguliers (je ménage les termes), acheverent de me convaincre qu'il y avoit un mal fait avec intention. La fociété particuliere & habituelle de ces Dames avec ma femme, exigeoit une confiance moins tardive, qui n'auroit dû ni calculer mon abfence, ni fonder d'efpérances fur fes fuites.

Je favois qu'on pouvoit tout acquérir depuis le Baptême, excepté un nom. J'avois lu les Ordonnances du Royaume qui défendent pareille métamorphofe. Des Gens de Loi dans tous les Parlemens, des Gens de Loi à Paris voyoient un dédit dans l'ordre de la Juftice. Les circonftances que j'ai citées le faifoient entrevoir dans l'ordre de la fociété. La plainte pouvoit être avantageufe à ma Caufe ; la voie criminelle entravoit toute intrigue, je fignai cette plainte.

De retour à Paris, un premier Confeil (1) m'infpira des doutes fur la légitimité de la forme, en ne me laiffant aucune inquiétude fur le fond ; un Confeil plus nombreux à difcuté depuis toute l'affaire. Il a décidé que mes adverfaires pouvoient m'oppofer des fins de non-recevoir (2). Je n'ai pas dû expofer le droit de toute la Nobleffe de France, ce droit que

____

(1) Me Collet.

(2) Je ne parle ici que des fins de non-recevoir qui fe tirent de ma premiere demande aux Requêtes du Palais. Je fais bien que dans un acte de la procédure on a dit que j'avois reconnu MM. le Jeune, par une lettre que j'ai écrite. Si on croit avoir une pareille lettre de moi, qu'on la dépofe, & fans la voir je m'infcris en faux, j'avois fauvé de l'intrigue , à être renverfé par la Chicane. J'ai adhéré aux avis de ces Confeils ; j'ai abandonné la plainte en me réfervant la voie Civile.

Pourquoi ne me feroit-il pas permis d'agir ainfi ? Pourquoi dans une affaire qui intéreffe toute la Nobleffe de France , ne facrifierois-je pas des formes douteufes pour fauver le fond ?

Me faire le reproche de varier dans les formes , c'eft donner une trop haute opinion de mon favoir ; on ne critique point les fautes d'orthographe de celui qui ne fait point écrire.

MM. le Jeune en demandant acte de mon défiftement de la plainte, ont fait rendre un Arrêt par défaut qui déclare cette plainte injurieufe, calomnieufe & vexatoire, ordonne l'impreffion & l'affiche de l'Arrêt, jufqu'a concurrence de 10000 exemplaires (1).

Je remets la copie de cet Arrêt & tous mes titres, entre les mains de mes Confeils : quelle route dois-je tenir & quelle doit être l'iffue de cette affaire ? *Signé* CRÉQUY.

---

(1) MM. le Jeune difent, dans leurs Obfervations imprimées, qu'ils pourroient demander des dommages - intérêts, mais qu'ils m'en font grace. La grace n'eft pas mince ; ils avoient conclu, dans une de leurs Requêtes , à 200000 liv. ils fe réforment ; ils fe réforment auffi fur un autre point. M. le Jeune fe difant Comte de Créquy, a donné à fon pere, dans fon acte de mariage, la qualité d'ancien Colonel ; mais dans fa réponfe à mon Expofé, page 5 , il dit formellement : *Mon pere entra au Service dès qu'il fut en état de porter les armes ; mais la néceffité de rétablir fa fortune altérée par une longue tutele , ne lui permit pas d'y refter plus long-tems :* ce qui fuppofe qu'il eft forti du Service auffi-tôt qu'il y eft entré. Serois-je le feul qui n'ait pas le droit de fe réformer ?

CONSULTATION.

LE CONSEIL soussigné qui a pris lecture du Mémoire, que le Marquis de Créquy a composé pour sa défense ; de copie des pieces qui y sont mentionnées ; d'un imprimé qui a pour titre *Exposé de la conduite du Marquis de Créquy* ; de deux autres imprimés distribués par MM. le Jeune , qui ont pour titre , *Réponse à l'Exposé & Observations* ; de l'Arrêt par défaut que MM. le Jeune viennent d'obtenir ; de la nouvelle demande formée par le Marquis de Créquy , & autres pieces :

ESTIME , que le Marquis de Créquy est également recevable & fondé dans ses nouvelles conclusions contre MM. le Jeune : il avoit d'abord formé contre eux , aux Requêtes du Palais , une premiere demande , dont l'objet étoit de leur faire faire des défenses de prendre le nom de Créquy : il s'en est désisté avant qu'il y eût contestation en Cause , & même avant que MM. le Jeune eussent fourni des défenses ; mais il ne s'est désisté que , *sous la réserve de se pourvoir pour raison des griefs qui avoient donné matiere à ladite demande , quand , devant quel Tribunal , ainsi , par les voies & comme il aviseroit.*

Il est évident que le Marquis de Créquy ne renonçoit pas à son action par ce désistement : il a rendu plainte depuis contre MM. le Jeune , en usurpation de leur part du nom de Créquy ; on lui a observé que de la voie civile qu'il avoit d'abord embrassée , il résulteroit peut-être des fins de non-recevoir

voir

voir contre fa plainte, & qu'il ne pouvoit exercer fon action qu'au Civil ; alors il a confenti à la nullité de fa plainte, fauf la voie Civile qu'il s'eft expreffément réfervée. Il a formé une demande nouvelle aux Requêtes du Palais ; il a même déclaré qu'il reprenoit en tant que de befoin l'ancienne, & en cela il s'eft conformé aux intentions de MM. le Jeune, qui ont fait fignifier le 23 Octobre dernier, une Requête par laquelle ils ont conclu à ce que le défiftement du Marquis de Créquy fût déclaré NUL ET COMME NON AVENU, *& qu'il lui fût fait en conféquence des défenfes de troubler MM. le Jeune dans la poffeffion des noms, armes & couleurs de Créquy.* D'après des conclufions fi précifes, on a peine à concevoir comment MM. le Jeune ont pu dire dans leurs obfervations imprimées, qu'ils feroient fondés à foutenir qu'ils n'ont plus aucun procès civil avec le Marquis de Créquy. Ils femblent faire une efpece de facrifice, en confentant de procéder fur la demande civile : mais il s'en faut de beaucoup que le Marquis de Créquy ait befoin de ces ménagemens ; fes droits font entiers, & l'on ne peut oppofer contre fa demande aucune fin de non-recevoir.

Mais avant d'en fuivre l'effet, il doit former oppofition à l'Arrêt par défaut que MM. le Jeune viennent d'obtenir contre lui, en ce que cet Arrêt déclare la plainte du Marquis de Créquy injurieufe, calomnieufe & vexatoire, & encore en ce que ce même Arrêt ordonne l'impreffion & l'affiche, fauf au Marquis de Créquy à fuivre l'effet de la nouvelle affignation qu'il a fait donner aux Requêtes du Palais.

On l'a déjà dit, le Marquis de Créquy ne s'eft défifté de fa plainte, & n'a confenti qu'elle fût déclarée nulle, que parce qu'ayant d'abord embraffé la voie Civile, il ne paroif-

D

foit plus recevable à prendre la voie Criminelle. En fe défiftant, il s'eft formellement réfervé la voie Civile : ce défiftement a éteint la procédure criminelle, & non pas l'action; il eft toujours refté le maître de l'exercer, & il l'a exercée en effet par une affignation qu'il a fait donner à l'inftant même du défiftement.

Sa demande civile a le même objet que fa Procédure criminelle ; le titre de fa plainte eft, de la part de MM. le Jeune, une abdication de leur véritable nom, & une ufurpation du nom de Créquy dans un acte public : cette plainte ne peut être injurieufe, calomnieufe & vexatoire, qu'autant que MM. le Jeune de la Furjonniere feroient effectivement nés Créquy ; s'ils ne font pas tels, ils ont évidemment ufurpé un nom qui ne leur appartenoit pas, & il n'y a dans la plainte ni vexation ni calomnie.

Déclarer la plainte injurieufe , vexatoire & calomnieufe ; ce feroit donc préjuger le fond : cette difpofition, dans l'Arrêt, feroit manifeftement contraire à la difpofition qui réferve la voie civile. Le Marquis de Créquy prouvera l'ufurpation de MM. le Jeune, & il obtiendra un Arrêt qui leur fera défenfe de prendre le nom de Créquy : que deviendroit alors l'Arrêt qui auroit déclaré la plainte calomnieufe ? On auroit donc jugé d'un côté qu'il a calomnié MM. le Jeune, quand il les a accufés d'avoir ufurpé fon nom; de l'autre côté que MM. le Jeune font en effet des ufurpateurs ?

Il eft donc impoffible qu'on déclare à l'inftant la plainte du Marquis de Créquy injurieufe, calomnieufe & vexatoire : il ne l'eft pas moins, & par les mêmes motifs , qu'on ordonne l'impreffion & l'affiche de l'Arrêt. Cette publication ne peut être accordée qu'à celui qui triomphera en définitif : elle eft d'au-

tànt moins due à MM. le Jeune, que le Marquis de Créquy s'eſt
déſiſté de ſa plainte avant même qu'elle fût ſuivie d'aucun décret, & qu'il n'a pas rendu cette plainte publique. Enfin il ne
s'eſt déſiſté que pour continuer ſes pourſuites au civil : il faut
donc que la demande civile ſoit jugée avant qu'on puiſſe prononcer ſi la plainte étoit vexatoire & calomnieuſe : il faut déci-
der ſi MM. le Jeune ſont des uſurpateurs du nom de Créquy,
ou ſi le Marquis de Créquy eſt un calomniateur, avant qu'on
puiſſe accorder aux uns ou aux autres l'impreſſion & l'affiche
d'un Jugement. Tout dépend donc ici de l'examen du fond ; &
c'eſt là ce qui va nous occuper actuellement.

On ne craint pas de le dire, aucune puiſſance humaine ne
peut faire des Créquy de MM. le Jeune ; aucun Tribunal dans
l'univers ne peut les déclarer tels.

Perſonne n'ignore en effet qu'il n'y a que deux manieres de
conſtater l'état des hommes. Il eſt fixé par les titres & par la
poſſeſſion. MM. le Jeune ont - ils des titres qui les conſtituent
Créquy ? Ont - ils une poſſeſſion d'état ?

Ils ſe ſont annoncés dans ces derniers tems comme formant
une branche cadette de la Maiſon de Créquy ; mais leurs prétentions n'ont jamais été reconnues par le Marquis de Créquy
actuel. Ils n'ont donc à ſon égard aucune poſſeſſion, & il faut
examiner quels étoient leurs titres, quelle étoit leur poſſeſſion
au moment où ils ont voulu abdiquer leur nom de le Jeune
pour prendre celui de Créquy : il eſt vrai que le feu Marquis
de Créquy, grand oncle du Marquis de Créquy actuel, paroît
les avoir reconnus, d'après une généalogie & des pieces dont
on parlera dans un inſtant. Mais perſonne n'ignore que la reconnoiſſance particuliere d'un membre d'une maiſon ne donne
pas un état, & que tous les autres membres conſervent, malgré

cette reconnoiſſance, le droit d'examiner ſi celui ou ceux qui l'ont obtenue ſont en effet de leur maiſon. Si MM. le Jeune n'é-toient pas Créquy, la reconnoiſſance moderne du feu Marquis de Créquy n'a pu les conſtituer tels : il faut donc, encore une fois, examiner indépendamment de cette reconnoiſſance & in-dépendamment de toutes les démarches que MM. le Jeune ont fait depuis quelques années pour ſe procurer un nouvel état, ſi en effet ils ſont Créquy ou s'ils ne le ſont pas ; ont-ils des ti-tres, ont-ils une poſſeſſion qui puiſſe juſtifier leurs démarches ?

Quant à la poſſeſſion, il paroît qu'à quelqu'époque que MM. le Jeune veuillent ſe placer, ils ne trouvent pas une occaſion, une SEULE occaſion où ils ſe ſoient annoncés comme deſcendans de la Maiſon de Créquy, & où ils en aient pris le nom. On dit qu'ils ne trouvent pas une *ſeule* occaſion dans laquelle ils ſe ſoient prétendus Créquy, & pour s'en convaincre, on n'a qu'à jetter les yeux ſur leur propre généalogie, ouvrage du ſieur d'Hoſier, qu'ils ont fait ſignifier aux Requêtes du Palais. Par-tout on y trouve des le Jeune, on n'y voit pas un ſeul Créquy : les En-quêtes même de 1478 & 1485, dont on donne des extraits dans cette généalogie, & qu'on va diſcuter dans un moment, loin d'éta-blir une poſſeſſion de l'état de Créquy, confirment au contraire la poſſeſſion d'état de le Jeune. C'eſt ſous ce nom ſeul que les auteurs de MM. le Jeune y ſont déſignés & connus ; enfin ja-mais dans aucune circonſtance, aucun de leurs ancêtres n'a fait aucun acte de poſſeſſion de l'état de Créquy : il leur eſt donc impoſſible d'établir par leur poſſeſſion l'état auquel ils aſ-pirent. Ils ne l'établiſſent pas mieux par leurs titres.

Quels ſont les titres qui conſtituent l'état des hommes ? Les actes de Baptême, de Mariage, de Sépulture, & à leur défaut les actes de partage & autres actes de famille ;

or il n'exiſte pas un ſeul acte de Baptême , un ſeul acte de Mariage , un ſeul acte Mortuaire , un ſeul acte de partage , un ſeul acte enfin de quelque nature qu'il puiſſe être , dans lequel les le Jeune ſe ſoient donnés, le nom & l'état de Créquy , dans lequel ils aient même annoncé la prétention la plus légere & à ce nom & à cet état. Ils n'ont donc évidemment en leur faveur ni titre ni poſſeſſion ; premiere vérité démontrée dans cette affaire.

C'eſt peu : ils ont contr'eux, leur poſſéſſion & leurs titres. Meſſieurs le Jeune , actuels, ont tous été baptiſés ſous ce nom ſeul de le Jeune : leurs peres ont tous été baptiſés , mariés , enterrés ſous le nom de le Jeune ; depuis que les le Jeune ſont connus , enfin , ils ont perpétuellement agi , contracté , dans leur famille , avec les étrangers , ſous le ſeul nom de le Jeune. Qu'ils ſe placent à telle époque qu'ils voudront , ils ne trouveront que des le Jeune.

Quel peut donc être le motif ou plutôt le prétexte qui a pu les engager à ſe prétendre une branche cadette de la Maiſon de Créquy ? Comment ſe ſont-ils flattés, ſans titres , ſans poſſeſſion , contre leurs titres , contre leur poſſeſſion , de ſe conſtituer Créquy ?

Ils fondent leurs eſpérances ſur les Armes dont ils jouiſ-ſent , ſur leur nom *de le Jeune* , & ſur deux enquêtes prétendues de 1478 & 1485.

Leurs armes ſont de gueules au créquier d'argent , avec un petit écuſſon auſſi d'argent à deux faſces de ſable , ſur la premiere feuille du créquier , à droite. Les Armes de la Maiſon de Créquy ſont d'or au créquier de gueules , & c'eſt dans les rapports qui exiſtent entre ces Armes, qu'ils cherchent leur premiere preuve.

Mais d'abord il eſt évident que ces Armes ne ſont pas les mêmes ; celles de la Maiſon de Créquy ſont d'or au créquier de gueules ; celles de MM. le Jeune ſont de gueules au créquier d'argent, & ſont encore ſurchargées d'un Ecuſſon particulier. Il y a un créquier dans les Armes de la Maiſon de Créquy ; il y a un créquier dans celles de MM. le Jeune : mais le créquier ne conſtitue pas ſeul ces deux eſpeces d'Armes. Il y a des émaux ; & les émaux ſont différens ; celles des le Jeune ont encore l'écuſſon particulier d'argent, à deux faſces de ſable. Leurs Armes different donc des Armes de la Maiſon de Créquy.

Mais, quand ces Armes ſeroient les mêmes en tout point, que pourroit-il en réſulter ? Deux Maiſons différentes ne peuvent-elles pas porter les mêmes Armes, & qui plus eſt le même nom ? Eſt-il impoſſible que d'autres que les Créquy aient pris des créquiers dans leurs Armes ? Ne peut-on pas porter encore les mêmes Armes, ou en vertu de conceſſions anciennes, dont il n'exiſte plus de traces, ou même par une uſurpation que le laps de pluſieurs ſiecles a légitimée ? Cette conceſſion, cette uſurpation ſeroient-elles un titre ſuffiſant pour ravir encore le nom d'une Maiſon ?

Il ne réſulteroit donc rien en faveur de MM. le Jeune, de l'identité qui pourroit exiſter entre les Armes de la Maiſon de Créquy & les leurs ; cete identité, d'ailleurs, n'exiſte pas, puiſque les Créquy portent d'or au créquier de gueules, & les le Jeune, de gueules au créquier d'argent, avec un écuſſon particulier, d'argent à deux faſces.

En vain, pour établir dans les Armes une identité qui leur feroit inutile, MM. le Jeune obſervent-ils que l'écuſſon particulier dont leurs Armes font furchargées, fut, peut-être, placé en mémoire de quelqu'alliance illuftre.

Quand on réclame un état, il ne fuffit pas de donner des conjectures, il faut des preuves.

C'eft avec auffi peu de fondement & même d'intérêt qu'ils voudroient juftifier la différence des émaux, en obfervant qu'anciennement le changement des couleurs étoit très-fré-quent, pour diftinguer les cadets des ainés. Pour tirer quelque fruit de ce prétendu ancien ufage, il faudroit, avant tout, établir qu'ils font des cadets de la Maifon de Créquy. Il feroit trop étrange de fe prétendre tels, par cette feule raifon que les couleurs de leurs Armes different des couleurs des Armes de Créquy, & qu'anciennement cette différence des couleurs diftinguoit quelquefois les cadets des ainés.

Où eft donc la preuve qu'ils font cadets de la maifon de Cré-quy? Ici MM. le Jeune appellent en témoignage *leur nom de le Jeune*. Voici comme ils raifonnent :

« Le furnom de le Jeune a PU fe tranfmettre dans notre
» branche, comme il en eft des furnoms & des fobriquets de
» tant d'autres branches des plus grandes maifons ; & cela
» d'autant plus naturellement, qu'une *branche cadette* ne pou-
» voit mieux fe diftinguer des ainées que par un furnom dont
» les fires de Créquy fe fervoient habituellement pour diftin-
» guer *leurs cadets des ainés* : c'eft ainfi que Jean, fils puîné de
» Jean III, Sire de Créquy & de Jeanne de Haverskerke, mariée
» en 1366, fut furnommé le Jeune ».

Qu'on ne nous foupçonne pas d'affoiblir le raifonnement de MM. le Jeune : nous rapportons les propres expreffions de leur généalogie fignifiée & imprimée, p. 3.

Ainfi MM. le Jeune fe prétendent Créquy, *parce qu'ils s'ap-*

pellent le Jeune, que dans la maifon de Créquy on diftinguoit anciennement les cadets par ce nom de *le Jeune*, & que ce furnom de *le Jeune* a PU fe tranfmettre dans une branche cadette.

Il eft difficile de répondre férieufement à un raifonnement femblable. Il exifte en France plufieurs familles du nom de *l'Aîné*, de *le Vieil*, qui pourroient, avec le même avantage, fe prétendre Créquy, parce que dans cette maifon on diftinguoit anciennement les freres ainés des cadets, & les peres des enfans par les furnoms de *l'Aîné*, de *le Vieil*, & que ces furnoms ont PU fe tranfmettre dans certaines branches.

Mais l'ufage des Montmorency, des Nefle, des Albret, de la maifon régnante même, a été auffi de diftinguer les cadets par les furnoms de le Jeune. Louis VII, dit le Jeune, fut ainfi furnommé pour le diftinguer de fon pere, avec lequel il régna pendant quelques années. MM. le Jeune pourroient-ils, parce qu'ils s'appellent le Jeune, fe prétendre Montmorency, Nefle, Albret ? Quand ils auroient des fleurs de lis dans leur Ecuffon, en réfulteroit-il qu'ils font iffus du fang de nos Rois ?

Enfin les cadets, dans aucun tems, ni dans aucune maifon, n'ont été défignés par le nom feul de *le Jeune* : ils ajoutoient l'épithete de le Jeune au nom de leur maifon; comme on le voit dans la perfonne de JEAN DE CRÉQUY *dit le Jeune*, dont il eft parlé dans la généalogie de MM. le Jeune. Mais c'eft trop s'arrêter à combattre des chimeres.

Paffons à la derniere preuve que MM. le Jeune veulent donner de leur état prétendu de Créquy : ils la tirent de quelques déclarations faites en 1478 & 1485, auxquelles ils donnent le nom plus impofant d'enquête.

Il faut d'abord écarter la derniere, celle de 1485, dans laquelle on ne trouve pas un mot qui favorife les prétentions de

MM.

MM. le Jeune. L'objet de cette déclaration étoit de prouver que Jean le Jeune, l'un des auteurs de MM. le Jeune, devoit jouir d'une noblesse qui lui étoit contestée.

Six particuliers, deux Prêtres, deux Gentilshommes, & deux Marchands, déclarent en effet « que Jean le Jeune avoit » toujours été tenu & réputé noble, &c. qu'ils l'avoient vu » en l'Hôtel d'Euftache le Jeune fon pére, à Ambricourt, le- » quel lieu on appelloit le Village des nobles Hommes, d'au- » tant qu'il n'y demeuroit que des Gentilshommes . . . qu'Euf- » tache le Jeune avoit toujours été regardé & eftimé Gentil- » homme . . . qu'ils avoient connu les freres d'icelui Euftache, » & encore avoient vu *le frere* dudit Jean le Jeune porter armes » que *l'on difoit* être dépendantes des armes de l'Hôtel de Cré- » quy qui eft des nobles maifons de Picardie ».

Voilà tout ce qu'on trouve dans cette enquête. Préfente-t-elle la preuve que les le Jeune étoient des Créquy ? Les témoins avoient connu Euftache le Jeune, pére de Jean le Jeune. Ils avoient connu les freres d'Euftache ; ils avoient connu enfin toute la famille de le Jeune ; mais ils n'y avoient jamais vu de Créquy. A la vérité, ils difent avoir VU LE FRERE de Jean le Jeune porter des armes que L'ON DISOIT dépendantes de l'Hô- tel de Créquy. Mais cette prétendue dépendance eft exclufive de l'identité des armes : l'identité elle-même ne prouveroit rien. Si les témoins ont pouffé l'attention jufqu'à déclarer qu'ils avoient vu *le frere* de Jean le Jeune porter armes que *l'on difoit* dépendantes de l'Hôtel de Créquy, auroient-ils manqué de dire que les le Jeune étoient des Créquy, s'il avoit exifté la plus mince tradition à cet égard ?

Que réfulte-t-il donc de cette premiere Piece ? Que MM. le Jeune font le Jeune & non pas Créquy. Il ne leur refte donc pour toute reſſource que l'enquête prétendue de 1478 : elle eſt rapportée en entier, dans le Mémoire à Conſulter.

Jean le Jeune dont on vient de parler avoit quitté l'Artois pour s'établir en Touraine, & il y fut impoſé à la Taille : il fallut donc prouver ſa Nobleſſe : pour l'établir, il ſe tranſporta, non pas dans l'Artois, dans le pays de ſa naiſſance, mais à Paris : il conduiſit chez Dreux & Comteſſe, Notaires au Châtelet, ſix Particuliers, dont il prit une déclaration.

Cinq de ces Particuliers firent cette déclaration le 26 Octobre 1478 : leur nom eſt Jean le Jeune, natif d'Artois, Me Baulde Lemaitre, Prêtre, natif de Créquy, Fremin Garçon, Bourgeois de Paris, Terifard de la Planque, Tapiſſier, & Bauduchon Raoul, Marchand.

Le ſixieme ne donna ſa déclaration que le lendemain, & en particulier : il prend le titre de Noble Robert des Marquets, Seigneur de Jumenci, naguere Lieutenant Général de la Gouvernance d'Arras. La qualité qu'il ſe donne ſuppoſe qu'il étoit inſtruit de l'état des Familles de l'Artois, auſſi a-t-il ſoin d'obſerver que par état il a dû connoître les le Jeune d'Ambricourt. Que dit donc ce témoin ? « Que trente ans paſſés il a » bonne connoiſſance du lignage, parentage des ſuſnommés le » Jones d'Ambricourt, leſquels ſont parents & affins dudit » Jean le Jones, & leſquels a toujours vu & oui tenus, & » réputés au Pays Comté d'Artois, Noble & vivant no- » blement, le dit ſavoir, parce que lui étant Lieutenant Gé- » néral des Élus d'Artois, il n'a point vu ni ſçu que le lignage » & parentage des Jones, dont ledit Ecuyer eſt iſſu & procréé, » ait été mis, aſſis ni impoſé à payer Taille, &c. ».

On voit dans cette déclaration que Jean le Jones eſt iſſu *du lignage & parentage des le Jones ;* ce qui exclut le lignage & parentage des Créquy.

A l'égard des cinq Particuliers qui avoient donné la veille leur déclaration , on a vu dans le Mémoire à Consulter les termes dans lesquels elle est conçue : ils affirment « qu'ils ont
» bonne & vraie connoissance de la personne de Jean le Jones..
» savent qu'il est natif du lieu d'Ambricourt. .. disent que ledit
» Jones est extrait de noble lignée de par pere & mere , vi-
» vant noblement de leurs cens , rentes & revenus.... ont
» bonne connoissance de la personne de feu Noble homme
» Taffart le Jones, pere dudit Jean le Jones ; & ledit M° Baulde
» dit qu'il a eu bonne connoissance de la personne de Noble
» femme Demoiselle Catherine Potelle, mere d'icelui Écuyer,
» femme dudit Taffart. .. Et outre , disent les dessus nommés
» que ledit Jean le Jones est issu de par pere de ceux de Créquy,
» & dont il porte encore présentement les Armes, fors qu'il y
» a différence de couleurs ».

Ainsi c'est sur ces quatre mots seuls (que ledit Jean le Jeune est issu de par pere de ceux de Créquy) inférés dans la seule déclaration de Jean le Jeune, Baulde Lemaitre, Fremin Garçon, Terifard de la Planque & Bauduchon Raoul ; déclaration donnée & oubliée depuis trois cents ans : c'est, disons-nous, sur ces quatre mots seuls, que MM. le Jeune se prétendent aujourd'hui Créquy. Ces quatre mots, dont Jean le Jeune ni tous ses descendans après lui n'ont pas connu la valeur , vont détruire au bout de trois siecles tous les Extraits baptisteres , de mariages , mortuaires, tous les contrats, actes de partage , tous les titres enfin de la Famille de MM. le Jeune , depuis l'instant qu'elle est connue ; adopter ces prétentions, ce seroit donner à ces quatre mots une suite bien effrayante.

E ij

Mais d'abord, quand Jean le Jeune , établi à Tours , con-duifit en l'Etude d'un Notaire à Paris les honorables Hommes Jean le Jeune , d'Artois , Me Baulde Lemaitre, Fremin Garçon, Terifard de la Planque & Bauduchon Raoul , quel étoit fon objet ? Il n'en avoit qu'un , de l'aveu de MM. le Jeune, c'étoit de conftater qu'il étoit en poffeffion de la nobleffe : il n'avoit pas articulé devant les Élus de Tours qu'il étoit Créquy ; il ne le penfoit pas lui-même avant la déclaration , comme il ne l'a pas penfé depuis : fi les témoins avoient voulu dire en effet que Jean le Jeune étoit Créquy , ils fe feroient donc expliqué fur un point étranger à l'objet de leur déclaration. Premiere Obfervation.

2°. S'il avoit été queftion d'établir que Jean le Jeune étoit né Créquy , eft-ce par la déclaration furtive de quelques Mar-chands de Paris qu'on y feroit parvenu ? Non , fans doute , Jean le Jeune feroit venu dans l'Artois , dans le centre de la Maifon de Créquy : c'eft-là qu'il auroit réclamé fon état ; c'eft-là feulement qu'il auroit pu le recouvrer.

3°. Si Jean le Jeune fe fût prétendu Créquy , il auroit dit aux Collecteurs de fa Paroiffe , *pourquoi m'impofez-vous à la taille ? Je fuis Gentilhomme , car je fuis Créquy.* Mais il n'ar-ticula pas qu'il étoit Créquy , il favoit trop bien le contraire ; il dit feulement qu'il étoit Noble : la Sentence des Elus de Tours qui a fuivi, l'a jugé Noble en effet, & non pas Créquy.

4°. Si Jean le Jeune eût été Créquy , pourquoi le Lieute-nant-Général de la Gouvernance d'Arras , qui connoiffoit depuis plus de 30 ans toute la famille des le Jone , ainfi qu'il l'a déclaré , n'auroit-il pas dit que les le Jone étoient des Créquy ?

5°. Si Jean le Jeune eût été Créquy , comment après avoir

effuyé des difficultés fur fa Nobleffe en 1478 , en auroit-il encore effuyé de nouvelles en 1485 ? Pourquoi les deux Prêtres, les deux Gentilshommes & les deux Marchands dont il invoqua le témoignage dans cette derniere occafion, qui dépoferent qu'ils connoiffoient toute fa famille, n'auroient-ils pas terminé tous les débats par un feul mot, en difant : *c'eſt un Créquy ?* Cette defcendance des Créquy étoit-elle un myftere qui ne pouvoit être percé que par un Bourgeois , un Tapiffier & un Marchand de Paris ?

6°. Jean le Jeune étoit donc un Créquy fans le favoir , car ni avant les déclarations de 1478 , ni depuis cette déclaration , il n'a prétendu être autre que le Jeune : fon pere , fon grand-pere , fon ayeul, fon bifayeul que l'on connoît , étoient tous des le Jeune; fon fils , fon petit-fils , tous fes defcendans enfin , ont été des le Jeune comme lui : falloit-il qu'il s'écoulât un efpace de trois fiecles, pour qu'on parvînt enfin à foupçonner que MM. le Jeune étoient Créquy ?

7°. Si auffi-tôt après l'enquête prétendue de 1478 , Jean le Jeune fe fût préfenté pour réclamer à la faveur de cette piece un rang dans la Maifon de Créquy, eût-il obtenu ce rang dans aucun Tribunal ? Que MM. le Jeune décident eux - mêmes la queftion : le filence qu'ils ont gardé depuis pendant trois fiecles, leur obftination à ne pas montrer cet acte en face des Créquy , & à fe dire toujours le Jeune, les a-t-elle fait ce qu'ils n'étoient pas? & parce qu'ils auront dans deux mille actes peut-être, agi & contracté depuis fous le nom de le Jeune, trouveront-ils aujourd'hui dans la déclaration de 1478 , un état que cette déclaration ne leur auroit pas donné à cette époque ?

Enfin , comment Jean le Jeune , qu'on dit defcendre des le Jeune d'Ambricourt , auroit-il été Créquy , pendant que les le Jeune d'Ambricourt ont été eux-mêmes inquiétés dans leur nobleſſe en Artois, dans le centre de leur famille, dans le centre de la maiſon de Créquy, quelques années après l'enquête prétendue de 1478? que diſoient alors les le Jeune d'Ambricourt? Ils diſoient, comme l'avoit dit avant eux, Jean le Jeune de Tours, *que le lignage & parentage des le Jone dont ils deſcendoient étoit noble*; mais ils ne ſe prétendoient pas Créquy, & il n'exiſtoit pas dans l'Artois une ſeule perſonne qui les regardât comme tels.

Voilà une partie des réflexions que fait naître la déclaration de 1478, en lui donnant même le ſens que MM. le Jeune lui prêtent, & il n'eſt perſonne qui ne ſoit actuellement convaincu que cette déclaration leur eſt abſolument inutile. Mais il paroît démontré que Jean le Jeune d'Arras, Baulde Lemaître, Fremin Garçon, Térifard de la Planque & Bauduchon Raoul n'ont pas même entendu déclarer que Jean le Jeune de Tours fût effectivement un cadet de la Maiſon de Créquy. On ne répétera pas ici ce qui a été dit dans le Mémoire à conſulter; on ſe contentera d'obſerver que Jean le Jeune qui ſe faiſoit donner une déclaration, étoit fils de Taſſart le Jeune, petit-fils de Guillaume le Jeune, arriere-petit-fils de Robert le Jeune, lequel étoit fils de Roſce le Jeune & d'Antoinette Créquy: ainſi les témoins auront pu dire que Jean le Jeune étoit iſſu, par pere, de ceux de Créquy, puiſque ſon pere, ſon ayeul, ſon biſayeul deſcendoient d'une Antoinette Créquy, ſans qu'ils euſſent affirmé, contre toute vraiſemblance & contre toute vérité, que les le Jeune formoient une branche cadette des Créquy: & ſi l'on daigne obſerver que ce Jean le Jeune n'avoit jamais prétendu être Créquy; que ſes peres ne l'avoient pas prétendu avant lui; que depuis ſes deſcendans ne l'ont jamais prétendu ; que dans aucun , abſolument aucun acte de famille, il n'exiſte pas la trace la plus légere d'une prétention ſemblable , il ſera démontré pour tout l'univers & peut - être même pour **MM.** le Jeune , que les le Jeune ne ſont pas Créquy.

En un mot, ils n'ont ni titres, ni poſſeſſion qui les conſtitue Créquy ; leurs titres & leur poſſeſſion démontrent qu'ils ne le ſont pas. Ils ſont le Jeune, voilà leur état : leur nom eſt aſſez ancien & aſſez diſtingué pour qu'ils n'en deſirent pas d'autre : leur jonction à la maiſon de Créquy n'eſt pas prouvée , comme l'a très-bien obſervé le ſieur Cherin , Généalogiſte ; mais le ſieur d'Hoſier l'a encore mieux prouvé par la généalogie qu'il leur a faite , & ſur laquelle ils ſe fondent. Il les fait remonter juſqu'à Taſſart le Jeune , pere de Jean le Jeune dont on a déjà parlé , & qui ſe fit donner les déclarations de 1478 & 1485 ; c'eſt-là, dit le Généalogiſte , *le premier degré connu des le Jeune* ; mais il falloit lier ce Taſſart le Jeune à la maiſon de Créquy ; & voici comment on a eſſayé d'y parvenir , page 4.

« Taſſart ou Euſtache le Jeune (premier auteur connu des
» Seigneurs de la Furjonniere) , ſe trouva jeune en 1415 , à
» la bataille d'Azincourt ; cette circonſtance jointe à la pro
» portion des âges, & à l'identité de demeure & de ſurnom ,
» a *fait croire à quelques-uns* qu'il étoit fils de Jean de Cré
» quy , dit le Jeune , dont on vient de faire mention, tué à
» la même bataille d'Azincourt : quoi qu'il en ſoit de cette
» filiation de Taſſart, la preuve qu'on a de ſon origine ſup
» plée à une *attache préciſe* : les enquêtes des 26 Octobre
» 1478 & 14 Novembre 1485 , apprennent qu'il étoit noble ,

» &c. » Ici le Généalogifte rapporte des lambeaux adroitement rapprochés , de ces enquêtes prétendues qu'on trouve tranfcrites en entier dans le Mémoire à confulter. Il ajoute enfuite: « Taffart ne vivoit plus en 1478 , comme on le voit par » l'enquête faite cette année là , ainfi que noble demoifelle » Catherine Potelle fa femme , de famille noble , & native de » la ville d'Hefdin ».

Voilà dans fon intégrité l'article de Taffart le Jeune : on n'obfervera pas ici que d'après des pieces authentiques, d'après les propres titres de la famille de MM. le Jeune, le pere, l'ayeul, le bifayeul de Taffart le Jeune font connus , ce qui détruit tout l'édifice du Généalogifte. En ne confidérant que le fyftême même de ce Généalogifte, en ne voyant que fon ouvrage, on trouve qu'il n'y a pas la plus légere apparence de jonction entre Taffart le Jeune & la Maifon de Créquy.

Quelques - uns ont cru que Taffart le Jeune étoit fils de Jean de Créquy le Jeune: QUELQUES - UNS ONT CRU! Qui font donc ces quelques-uns? Pourquoi l'ont - ils cru? Taffart le Jeune n'a-t-il pas connu fon pere? Jean le Jeune , fils de Taffart, ne favoit-il pas quel étoit fon grand - pere?

Le Généalogifte à la vérité abandonne bientôt cette préfomption, & ajoute : *quoi qu'il en foit de cette filiation de Taffart, la preuve qu'on a de fon origine de la Maifon de Créquy fupplée à une attache précife: les Enquêtes du 26 Octobre 1478 & du 14 Novembre 1485 , apprennent qu'il étoit noble , &c. ;* & c'eft dans ces SEULES ENQUÊTES que le Généalogifte veut trouver *cette preuve qui doit fuppléer à l'attache précife de l'origine de la Maifon de Créquy.*

Eft-ce donc ainfi que l'on difpofe de ce qu'il y a de plus facré parmi nous, de l'état des hommes? On connoît actuellement

ment

ment ces Enquêtes prétendues ; & nous n'avons pas befoin, fans doute, de combattre les inductions que le Généalogifte veut en tirer. Ses efforts ne prouvent que trop combien eft jufte la décifion du fieur Cherin, quand il dit, que *la jonction de MM. le Jeune à la Maifon de Créquy n'eft pas prouvée* ; ajoutons qu'il eft démontré que cette jonction eft impoffible d'après les propres titres de MM. le Jeune. Ils n'ont ni titres ni poffeffion de l'état qu'ils réclament ; ils ont une foule de titres & quatre cens ans d'une poffeffion contraire ; quelle puiffance pourroit en faire des Créquy ? quel Tribunal pourroit jamais les déclarer tels ?

Délibéré à Paris, ce 9 Janvier 1780.

TREILHARD.

LAMBON. TRONCHET.

De l'Imp. de L. CELLOT, rue Dauphine. 1780.